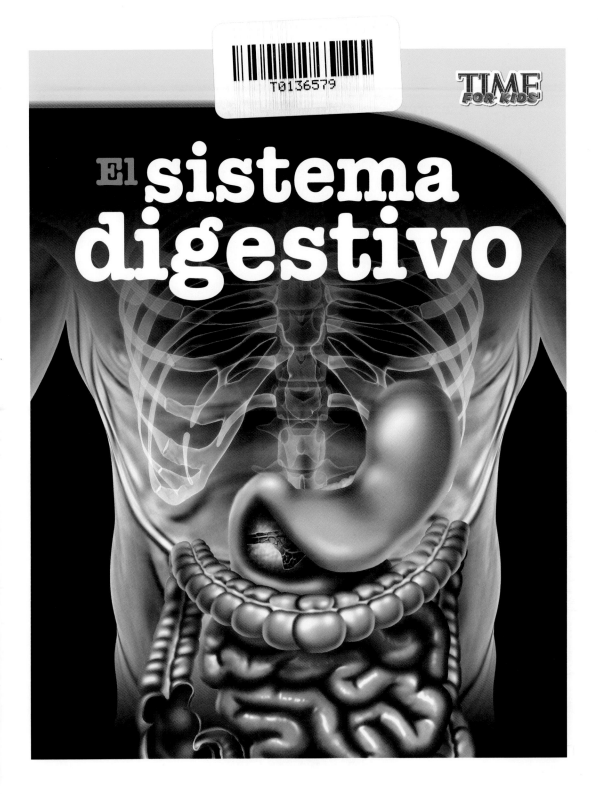

El sistema digestivo

Jennifer Prior

Asesores

Timothy Rasinski, Ph.D.
Kent State University
Lisa A. Leewood, C.S.T.
Erin P. Wayne, M.D.

Créditos

Dona Herweck Rice, *Gerente de redacción*
Robin Erickson, *Directora de diseño y producción*
Lee Aucoin, *Directora creativa*
Conni Medina, M.A.Ed., *Directora editorial*
Stephanie Reid, *Editora de fotos*
Rachelle Cracchiolo, M.S.Ed., *Editora comercial*

Basado en los escritos de *TIME For Kids*.

TIME For Kids y el logotipo de *TIME For Kids* son marcas registradas de TIME Inc. Usado bajo licencia.

Teacher Created Materials

5301 Oceanus Drive
Huntington Beach, CA 92649-1030
http://www.tcmpub.com
ISBN 978-1-4333-4486-2
© 2012 Teacher Created Materials, Inc.
Made in China
YiCai.032019.CA201901471

Tabla de contenido

Cómete las verduras

—Mamá, ¿tengo que comerme las verduras?

—Sí, cariño, son buenas para ti.

—¿Por qué son buenas? No me gusta como saben.

—Si comes alimentos saludables, tu cuerpo se nutre.

—¿Qué significa eso?

—La nutrición le da a tu cuerpo los elementos que necesita para funcionar como debe.

—¿Qué pasa con los alimentos cuando los comemos?

—Las vitaminas y otros nutrientes en los alimentos son **absorbidos** por el cuerpo.

—¿Qué significa "absorbido"?

—Quiere decir que llegan a la sangre.

—Pero, mamá, ¿cómo sucede eso?

—Raúl, deja de hacerte el distraído y cómete las verduras.

Al tomar un bocado, la comida comienza un viaje sorprendente por el aparato digestivo.

Barriga llena, corazón contento

Los seres humanos necesitan comer para alimentar el cuerpo, y cuanto más saludable sea la comida, mejor. Pero, ¿qué pasa con la comida después de masticarla y tragarla?

En el cuerpo, la comida es procesada por el aparato digestivo. Primero, se divide en pedazos cada vez más pequeños. Luego, el cuerpo la absorbe. Así, el cuerpo recibe alimento.

Todos sabemos cómo entra la comida al cuerpo: ¡la comemos! Ese es el primer paso del proceso, pero hay mucho más.

El tracto gastrointestinal

El aparato digestivo también se conoce como **tracto gastrointestinal.** *Tracto* quiere decir tubo. *Gastro* se refiere al estómago. *Intestinal* se refiere a los intestinos. El estómago y los intestinos son dos partes importantes del aparato digestivo.

El sistema digestivo

El sistema digestivo mide unos veintisiete pies de largo. Comienza en la boca. Luego vienen la **faringe** y el **esófago**. El **estómago**, el **intestino grueso** y el **intestino delgado** también son parte del aparato digestivo.

¿Sabías que el sistema digestivo sabe cuándo va a llegar la comida? Esto ocurre aun antes de comer. Cuando ves, hueles o incluso piensas en algo sabroso, el cerebro le ordena al cuerpo que se prepare para recibir alimentos. Aunque no haya nada más que tus pensamientos, la boca puede comenzar a salivar y el sistema digestivo iniciará los preparativos para un festín.

¿Sabías que el consumo de alimentos saludables, masticar bien, hacer ejercicio y una actitud positiva son factores que ayudan al cuerpo a digerir mejor la comida?

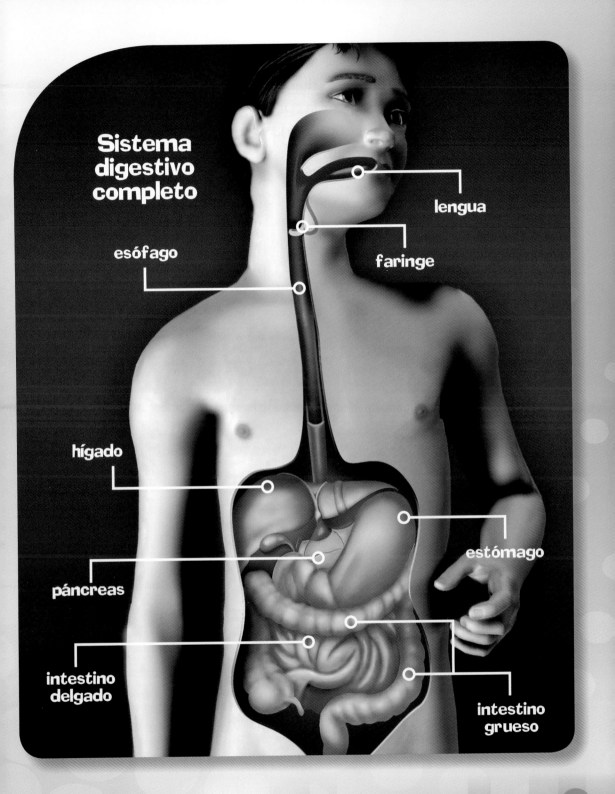

Sistema digestivo completo

lengua

faringe

esófago

hígado

páncreas

estómago

intestino delgado

intestino grueso

Boca

El primer paso del proceso digestivo comienza en la boca. Usas los dientes para masticar la comida y romperla en pedazos pequeños. La **saliva** en la boca ayuda en esta actividad, al suavizar los alimentos durante la masticación. Esto ocurre porque hay sustancias químicas en la saliva que transforman los alimentos. Por ejemplo, convierten los almidones en azúcares simples. Los trozos de comida se hacen muy pequeños. Luego, se deglute (traga) la comida. Al deglutir, la faringe, localizada al fondo de la boca, empuja los alimentos al esófago.

La boca

faringe

esófago

La mejor comida que puedes poner en la boca es el alimento que sabe bien y que es bueno para ti.

Se te hace agua la boca

Cuando la gente dice que se le hace agua la boca, quiere decir que está produciendo saliva. Dicho de otra manera, está salivando.

Esófago

El esófago es un tubo hecho de músculo que conecta la boca con el estómago. El interior de este tubo está cubierto de **glándulas mucosas**. La mucosa cubre el alimento cuando desciende.

Los pedazos de comida descienden por el tubo impulsados por contracciones. Las contracciones son como ondas de movimiento y llevan la comida hasta el estómago.

Peristalsis

alimento

esófago

alimento anterior
deglutido

estómago

Las contracciones del esófago se conocen como **peristalsis**. La peristalsis es la actividad que mueve la comida por el esófago hacia el estómago.

Estómago

El estómago almacena la comida durante un corto tiempo. Es como un saco. El cerebro le indica al estómago que viene comida en camino. En ese momento, el estómago comienza a producir **jugos gástricos**. Los jugos escurren al estómago y se mueven en él. Cuando la comida llega al estómago, se mezcla con estos jugos, que descomponen aun más la comida.

Es aquí donde se digiere la mayoría de las **proteínas**. Gran parte de la comida se convierte en líquido.

Algunos alimentos son absorbidos por el cuerpo a través del estómago, mientras que otros siguen su viaje por el sistema digestivo.

¿Qué es?

Las proteínas son un componente básico de todos los seres vivos. Los organismos vivientes requieren proteínas para funcionar y crecer. Los seres humanos reciben las proteínas que necesitan de alimentos con alto contenido proteínico, como carne, pescado, huevos, leche, queso y frijoles.

El estómago

esófago

Mucha gente piensa que el estómago se encuentra detrás del ombligo. En realidad está más arriba en el cuerpo, entre el pecho y la barriga.

¿De qué tamaño y cuánto?

El estómago mide unas doce pulgadas de largo. En su parte más ancha, mide aproximadamente la mitad de eso. ¿Cuánto alimento o líquido puede contener el estómago de un adulto? Tiene capacidad para cerca de un cuarto de galón.

Éste es un diagrama del estómago humano. Puedes ver que el esófago desemboca en él. El intestino delgado está conectado a la parte inferior del estómago. Los nutrientes de los alimentos son divididos en partículas cada vez más pequeñas, hasta que su tamaño permite que el revestimiento del estómago los absorba. Por allí salen del estómago los alimentos parcialmente digeridos que no son absorbidos por el cuerpo.

Cómo el estómago digiere los alimentos

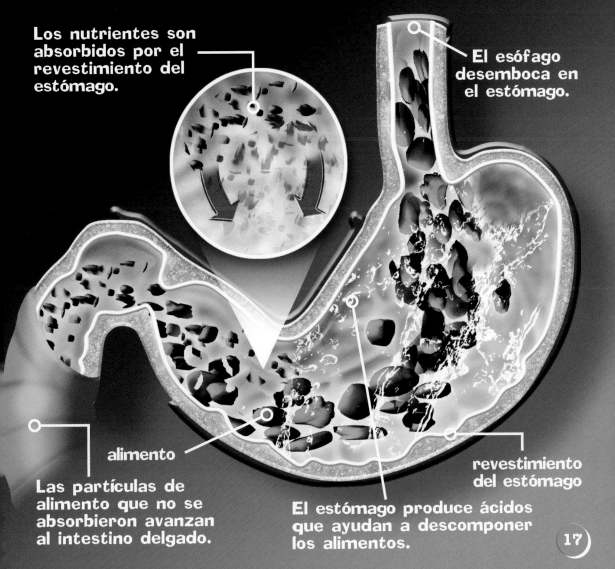

Los nutrientes son absorbidos por el revestimiento del estómago.

El esófago desemboca en el estómago.

alimento

Las partículas de alimento que no se absorbieron avanzan al intestino delgado.

El estómago produce ácidos que ayudan a descomponer los alimentos.

revestimiento del estómago

Intestinos

La mayoría de los alimentos avanzan a los intestinos para la digestión. Para cuando llegan al intestino delgado, los alimentos se han convertido en una mezcla llamada **quimo**. El quimo es como un líquido espeso.

El proceso digestivo se hace más lento en el intestino delgado, ya que allí se lleva a cabo la mayor parte de la digestión. También es aquí donde la sangre recibe la mayoría de los nutrientes de los alimentos que comes. El quimo también se mezcla con **enzimas** del **páncreas**. Las enzimas son líquidos que ayudan en la digestión. El quimo también se mezcla con la **bilis** del **hígado**. La bilis es un líquido amarillo o verde que ayuda al cuerpo a absorber las grasas. Los alimentos digeridos son absorbidos por el cuerpo. Los alimentos que no son digeridos en el intestino delgado continúan el viaje hacia el intestino grueso, que comienza en el colon y termina en el **recto**.

¿Cuánto mide?

¿Puedes creerlo? El intestino delgado mide más de veintidós pies. Esto es tan largo como una ballena asesina.

22 pies

Digestión más allá del estómago

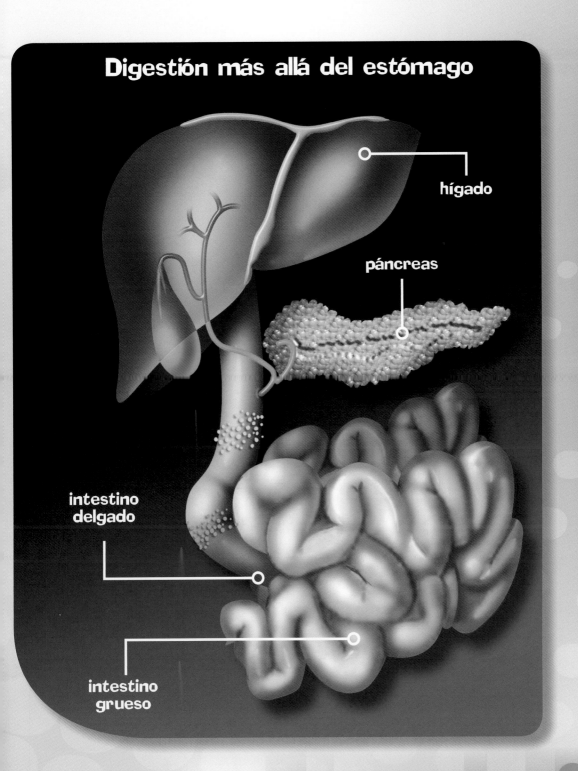

hígado

páncreas

intestino
delgado

intestino
grueso

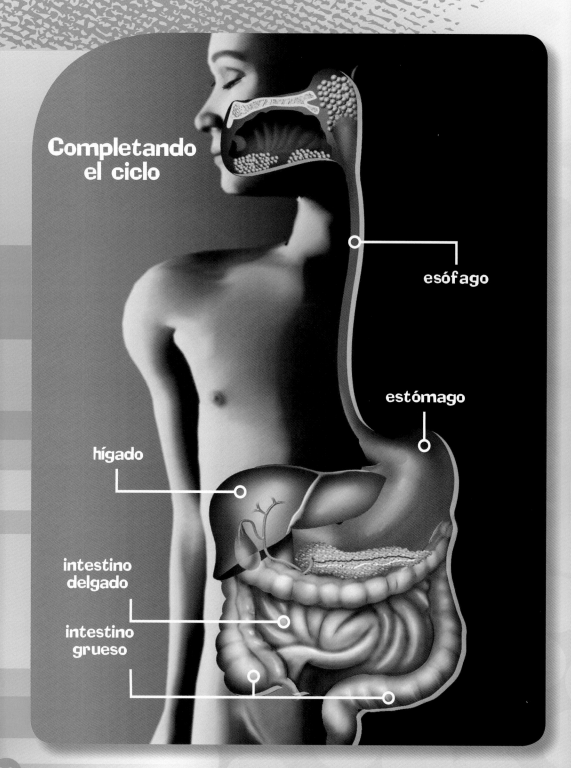

Completando
el ciclo

esófago

estómago

hígado

intestino
delgado

intestino
grueso

En el intestino grueso casi no se digiere nada. Una vez que llega allí la materia alimenticia, sólo quedan unos cuantos pasos más del proceso. Primero, el cuerpo absorbe el agua que queda en esta sustancia. La materia sólida pasa por el intestino grueso, formando **heces** o materiales de desecho. Las heces son expulsadas del cuerpo por el recto.

¿De qué tamaño es?

Como lo indica el nombre, el intestino grueso es más grueso pero más corto que el intestino delgado. Mide unos cinco pies de largo. Esto es aproximadamente lo que un automóvil mide de ancho.

Cuando las cosas salen mal

¡Ay! En ocasiones el aparato digestivo tiene problemas. Estos problemas pueden ser bastante molestos. Es importante saber qué causa estos problemas digestivos para que puedas prevenirlos.

Montarse en una montaña rusa es divertido pero una vuelta agitada pue ocasionar problemas digestivos.

Vómito

¿Alguna vez has tenido que **vomitar**? Esto puede suceder por varias razones. En ocasiones, una persona vomita después de comer alimentos echados a perder. Esto se conoce como *intoxicación por alimentos*. El vómito también puede deberse a comer demasiado o marearse. Lo más usual es que la gente vomite por causa de ciertas enfermedades, sobre todo la gripe.

Una persona vomita porque el cerebro envía un mensaje que provoca espasmos del estómago. Esto hace que los alimentos o líquidos en el estómago sean lanzados hacia arriba y expulsados por la boca.

Tener *náuseas* es otra manera de decir que tienes ganas de vomitar. Tener náuseas no es nada divertido.

Acidez gástrica

La **acidez gástrica** es otro problema que ocurre en el aparato digestivo. También se le conoce como agruras. Por lo general es consecuencia de comer o beber demasiado. El esófago tiene espasmos. El resultado es una sensación de ardor en la garganta, provocada por los **ácidos** estomacales que ascienden al esófago.

Ten cuidado de no comer demasiado de una sentada. Comer demasiado en una sola sentada te puede causar acidez.

¿Por qué se llama así?

La palabra *agrura* se deriva de agrio. Cuando tenemos agruras, el sabor agrio de los ácidos gástricos nos llena la boca.

Úlceras

Una **úlcera** gástrica o estomacal puede ser muy dolorosa. Las úlceras se forman al debilitarse el revestimiento del estómago. En estos casos, el ácido del estómago perturba el revestimiento y forma una úlcera o llaga, produciendo una sensación de ardor. También pueden formarse úlceras en los intestinos.

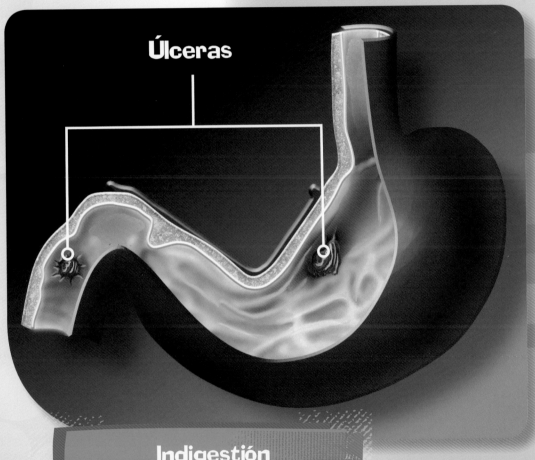

Úlceras

Indigestión

Cuando una persona tiene dificultad para digerir los alimentos, esto se conoce como *indigestión*. La indigestión es una sensación desagradable en el sistema digestivo. En ocasiones provoca acidez gástrica.

Gases

Pueden formarse gases en el tracto digestivo por distintas razones. A veces tragamos aire. Esto ocurre con bastante frecuencia al comer y beber. El aire queda atrapado en el tracto digestivo. Casi todo el aire que tragamos sale al eructar.

Varios alimentos producen gases al ser digeridos. El brócoli, la col o repollo, los frijoles y las frutas son algunos de ellos. Incluso las pastas y los productos lácteos pueden producir gases.

Las **bacterias** descomponen estos alimentos. Esto produce un gas llamado **metano**, que sale del cuerpo por el recto. La mayoría de las personas expulsan gases de catorce a veintitrés veces al día.

Ciertos alimentos tienden a producir más gases que otros. Si un alimento te causa gases, es mejor que no lo comas o que comas sólo un poco.

Gases y bebidas gaseosas

Es probable que hayas tenido un buen eructo de larga duración después de beber una lata de refresco gaseoso. Esto se debe al gas y el aire que contiene el refresco. La combinación de gas en una bebida se llama carbonatación. Cuando tomas una bebida carbonatada, es probable que la acompañes con un poco de gases.

La lechuga y el repollo pueden causar gas.

Una máquina sorprendente

A veces hay problemas, pero la mayor parte del tiempo ni siquiera pensamos en el aparato digestivo. Sigue funcionando, nos acordemos o no de él.

La próxima vez que pienses en comida, recuerda que la digestión ya comenzó dentro de tu cuerpo. Además, en tu próxima comida, piensa en el proceso que está ocurriendo en tu interior. Es un proceso que te ayudará a tener un cuerpo fuerte y sano.

El cuerpo es una máquina sorprendente, y el sistema digestivo es una pieza importante que le permite a la máquina funcionar constantemente.

29

Glosario

absorbido—recibido a través de aberturas muy pequeñas

acidez gástrica—la dolorosa sensación de ardor, creada por espasmos en el esófago y los ácidos presentes

ácido—una sustancia de sabor agrio que puede descomponer otras sustancias

bacterias—unos organismos unicelulares que sólo pueden verse bajo un microscopio

bilis—el líquido de color amarillo verdoso, producido por el hígado, que ayuda a la digestión y absorbe grasas

enzima—una sustancia proteínica que ayuda a la digestión

esófago—el tubo que conecta la boca al estómago

estómago—el saco conectado al esófago, donde los alimentos se mezclan con jugos digestivos y se descomponen

faringe—un órgano situado al fondo de la boca, que ayuda a deglutir

glándulas mucosas—las partes del cuerpo que recubren el interior del esófago y producen una sustancia acuosa, pegajosa y resbalosa

heces—los desechos sólidos que se expulsan después de completar la digestión

hígado—el órgano que produce bilis que ayuda a la digestión en el intestino delgado

intestino delgado—la parte del aparato digestivo que conecta el estómago al intestino grueso y que es responsable de la mayor parte del proceso digestivo

intestino grueso—el tubo largo que une el intestino delgado con el punto donde los desechos salen del cuerpo

jugos gástricos—los líquidos que se liberan al estómago para ayudar en la digestión

metano—un gas incoloro, inodoro e inflamable, producido por el aparato digestivo

páncreas—el órgano que produce enzimas que ayudan a la digestión en el intestino delgado

peristalsis—la actividad de mover el alimento por el esófago al estómago

proteína—el componente básico de todos los seres vivos y la parte importante de los alimentos que los animales y los seres humanos necesitan para vivir

quimo—los alimentos parcialmente líquidos y parcialmente digeridos que pasan del estómago a los intestinos

recto—el final del intestino grueso, por donde salen los desechos sólidos del cuerpo

saliva—la sustancia acuosa producida en la boca, que se usa para descomponer los alimentos durante la masticación

tracto gastrointestinal—otra manera de llamar al tracto o aparato digestivo

úlcera—una llaga en el revestimiento del estómago o los intestinos

vomitar—expulsar por la boca alimentos parcialmente digeridos

Índice

Acerca de la autora

Jennifer Prior es profesora y escritora. Ha escrito una amplia gama de libros para Teacher Created Materials. Jennifer vive en Flagstaff, Arizona, con su esposo y cuatro mascotas.